창조주
하나님이
나를 기억하시고

무조건 감사하세요
없던 감사도 새록새록 생깁니다

음이 좀 틀리면 어때요~
박자를 좀 놓치면 어때요~
목소리가 좀 갈라지면 어때요~
주님을 온전히 사랑하는 마음 하나면 충분합니다

"Today is Special day~!"
오늘은 특별한 날입니다
나만 아는 하나님의 은혜가 임할 때
그 날은 특별한 날이 됩니다

아침부터 말씀으로, 기도로, 은혜를 주시고
사람들과의 만남을 통해
하나님을 느낄 때
그 날은 특별한 날이 됩니다

하나님의 은혜를 깨닫지 못하는 사람에게는
그날이 그날인 평범한 날이지만
하나님의 은혜를 깨달은 나에게는
오늘이 아주 특별한 날이 됩니다

날마다 특별한 날이 되기를 간절히 바래봅니다

누군가의 따스한 눈인사에도
예수님이 느껴져
나도 모르게 눈물이 핑- 돕니다

평범한 일상 대화를 나누는 순간에도
예수님이 느껴져
또 눈물이 핑- 돕니다

어떻게 지극히 평범한 그 순간에
예수님이 느껴지는지... 알 수가 없습니다

문득 나는 다른 사람들에게
한 번이라도 예수님을 느끼게 하는 사람인지
생각해 봅니다

나를 만난 누군가가
나의 눈짓 하나, 손짓 하나, 말 한마디에
내 안에 계신 예수님을 느낄 수 있길
기도드립니다

능력보다 그리스도를 닮은 성품이 먼저입니다

세상이 주는 달콤함에
마음을 빼앗기지 않길 원합니다

예수님의 발에 향유를 부은 마리아를
사람들은 비난하지만
예수님은 칭찬하십니다

사람의 기준이 아닌
하나님의 기준에 맞는 사람이 되길 원합니다

사람의 마음에 흡족한 사람이 아닌
하나님 마음에 흡족한 사람이 되길 소망합니다

이 땅에서 당장의 배고픔이나 위기를 모면하기위해
하나님의 자녀된 명분과 특권을 버리거나
소홀히 하지 않길 기도드립니다

탐심이 죄입니다
탐심을 버리세요

나에게 닥친 인생의 거대한 파도가 문제일까요?

아니면

하나님을 온전히 신뢰하지 못하는 불신앙이 문제일까요?

내가 믿는 하나님과
다른 사람이 믿는 하나님이 왜 이렇게 다를까요?
분명 하나님은 한 분이신데...

내가 하나님이라고 부르는 존재가
혹시 내 마음대로, 내 욕심대로, 내 편의대로 만들어낸

나의 우상은 아닌가요?

언제까지

하나님과 세상 사이에서 머뭇머뭇할 건가요?

내가 끝내 버리지 못하는 것은 무엇입니까?

돈입니까? 명예입니까? 권력입니까?

성을 쌓고 쌓아 내 이름을 내고 싶었지만
내 마음과 달리 흩으시는 하나님
. . .
흩으심이
하나님의 은혜임을
이제는 조금 알 것 같습니다

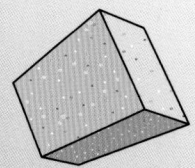
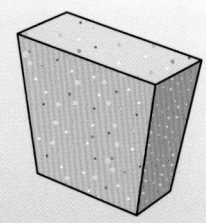

우리는 조금만 여유있고
조금만 내 힘이 남아 있어도
하나님께 집중하지 않습니다
어떻게 해서든지 자신의 힘으로 이겨내려고 발버둥칩니다

우리가 평안할 때
우리가 풍요로울 때
하나님께 더욱 감사하며
하나님을 온전히 의지하길 소망합니다

믿는 것과 행하는 것
아는 것과 실천하는 것이
같은 방향으로 함께 가야 합니다

믿음과 행동이 다르면
그 믿음은 가짜 믿음이 되고
다른 사람들에게 걸림돌이 됩니다

내가 믿는 바를 신실하게 행함으로
살아낼 수 있기를 기도드립니다

어떻게 살 것인가?
무엇을 하며 살 것인가?

여전한 질문 앞에
한결같이 내가 선택해야 할 길은
오직 하나님만을 바라보며
믿음의 길을 가는 것입니다

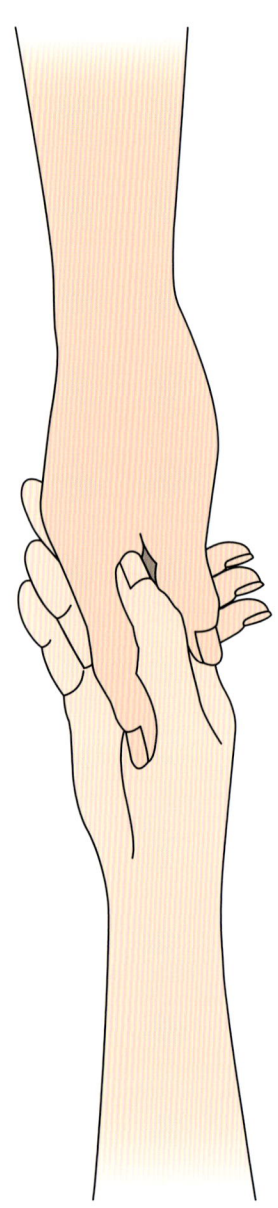

하나님의 계획과 일하심은 정확합니다
하나님이 인도하시는 시기와 때도 정확합니다
하나님을 기쁘시게 하려는 마음의 소원을 품고
하나님의 계획과 일하심, 인도하심을 믿음으로 바라보며
앞으로 전진하길 소망합니다

나에게 하나님은 무엇을 말씀하고 계신가요?
사람들의 말이나 시선이 아닌
하나님의 말씀에 집중하며
하나님께서 원하시는 삶을 살아가길 기도드립니다

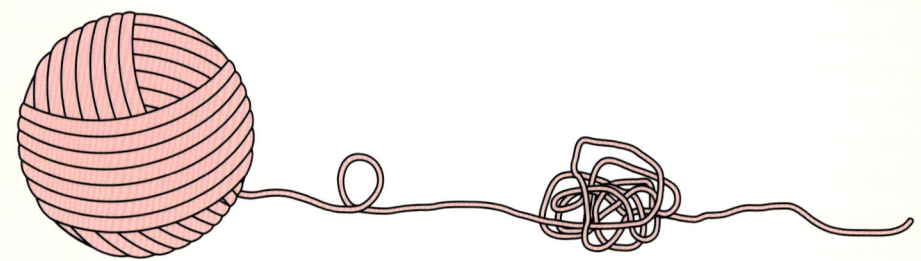

말씀을 묵상하는 가운데
불현듯 깨달은 말씀을 붙잡고
마음을 토로하는 기도를 드릴 때
그동안 엉클어져 있던 실타래가 풀리듯
답답함이 사라지고
마음에 시원함을 느낍니다

이 순간이 오기를 얼마나 기다리고 기다렸는지...

내 마음의 실타래를 풀어주실 분은
오직 주님 한 분 밖에 없습니다

생명의 말씀이며
지혜의 말씀인 성경 말씀이
늘 내 안에 가득해
말씀이 필요할 때마다
때에 맞는 말씀이 기억나기를 기도드립니다

거룩이 능력입니다

어찌할 바를 몰라 방황하고 있을 때

주님께서

"나를 따라 오너라!"

"나와 복음을 위해 힘을 내어 살아라!"

말씀하십니다

기다림의 미학 중에 최고는 단연 주님의 기다림입니다

내가 주님만을 바라보길 기다리셨고

내가 주님만을 사랑하길 기다리셨습니다

이젠 그 기다림에

마침표를 찍을 때가 왔습니다

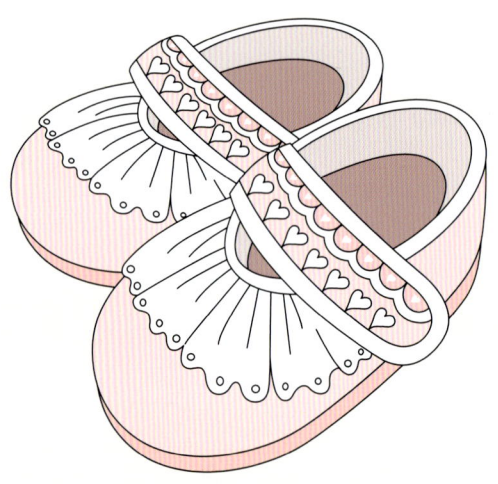

어린 아기가 걸음마를 배울 때
엄마 아빠가 잠시도 아기에게 눈을 떼지 않는 것처럼
하나님은 하나님 자녀의 한걸음, 한걸음을 살피십니다

그 길이 비록 광야나 험한 산 길이라도
하나님이 함께 하시면 두려울게 없습니다

환경이 아닌 하나님을 바라보며
하나님의 인도하심을 따라 살아가길 소망합니다

내 뜻대로

내가 원하는 나의 소원이 아닌

하나님의 뜻대로 하나님이 원하시는

하나님의 소원이 나의 소원이 되길 기도드립니다

내가 누구인지 중요하지 않습니다
내가 어떤 사람인지도 중요하지 않습니다
나에게 나타나 말씀하신 하나님이
누구시며 어떤 분인지가 중요합니다

하나님께서 비전을 주시고 꿈을 주실 때는
반드시 그 사람과 함께 하십니다

전능하신 하나님을 바라보며
나에게 주신 꿈과 비전을 포기하지 않고
끝까지 이루는 믿음의 사람이 되길 기도드립니다

하나님을 절대적으로 신뢰하는 믿음이 복입니다
하나님께는 어떤 불가능도 없음을 확신하는 것이 믿음이며
그 하나님께서 나의 아버지되심을 받아들이는 것이 믿음입니다
아브라함처럼 큰 믿음의 사람이 되길 소망합니다

하나님을 향한 절대 신뢰는
세상에 대한 담대함을 줍니다

하나님이 가장 귀하게 보시는 것은
나의 믿음입니다

그 믿음은
어떤 상황에서도 타협하지 않는 절대 믿음이며
믿는대로 살아가는 행함이 있는 믿음입니다

그 믿음이 더욱 견고하게 세워지길 기도드립니다

세상은 외모나 능력을 보며 사람을 판단하지만

하나님은 그 사람의 중심을 보십니다

하나님 마음에 합한 사람으로

하나님의 뜻을 이루며 살아가길 소망합니다

하나님은 전심으로
하나님을 찾는 자에게 능력을 베푸십니다

하나님은 한계가 없습니다

단지 내 믿음이 작아
내가 경험한 부분 안에서
하나님의 능력을 제한하려고 할 뿐입니다

내 믿음이
하나님의 무한한 능력만큼 확장되길 소망합니다

내 삶의 최우선 순위는
먼저 그의 나라와 의를 구하는 것입니다

주님을 사랑하는 자는
주님의 양들을 먹이고 돌봅니다

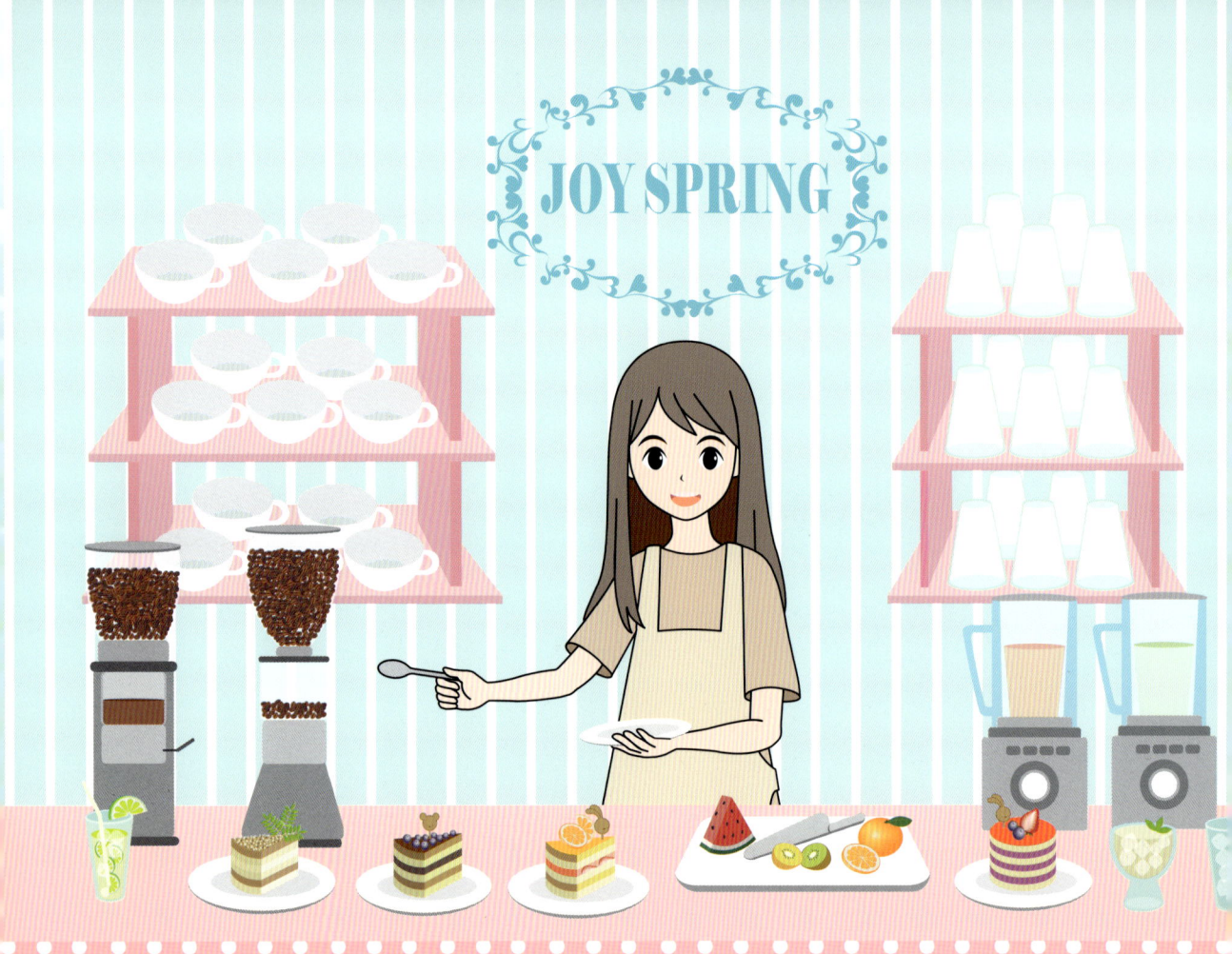

먹어 보지 않은 자가 어찌 맛을 논할 수 있으며
보지 못한 자가 어찌 아름다움을 논할 수 있을까요?
하나님을 알지 못하는 자가 어찌 하나님을 전할 수있으며
예수님을 만나지 못한 자가 어찌 복음을 전할 수 있을까요?

맛집은 묻지 않아도 전하면서
좋은 병원이나 생활의 정보는 열심히 전하면서
정작 예수님은 왜 전하지 않을까요?

고침받은 나병환자처럼
우물가의 사마리아 여인처럼
예수님을 전하지 않고는
견딜 수 없는 마음이 있나요?

간절함은 방법을 찾아냅니다
한 영혼을 사랑하는 간절함은
사방이 가로막힌 가운데서도
반드시 그 영혼을 구원할 방법을 찾아냅니다

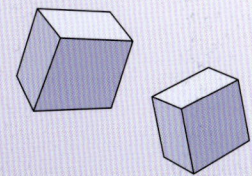

복음을 전하고
주의 일을 할 때 지혜가 필요합니다
내가 아무리 옳은 일을 하더라도
다른 사람들 보기에 오해가 될 만한 일에 대해서는
어느 정도 설명과 설득이 필요합니다

불필요한 오해는
때론 복음을 전하거나 주의 일을 하는데
큰 방해가 될 수 있기 때문입니다

복음을 전하거나 주의 일을 할 때
묵묵히 하나님만 바라보며 해야 할지
다른 사람들에게 설명하고 설득해야 할지
분별할 수 있는 지혜가 있길 기도드립니다

아벨처럼 에녹처럼
하나님이 받으시는 예배를 드리며
언제나 하나님과 동행하길 소망합니다

나의 왕
나의 주되신
주님을 높이며 온 맘 다해 찬양하길 원합니다

주의 성전에
주를 사모하며
주를 경외하는 영으로 가득하게 하옵소서

예배에 목숨건 이들에게 베푸시는
하나님의 은혜를 누리며 살아가길 소망합니다

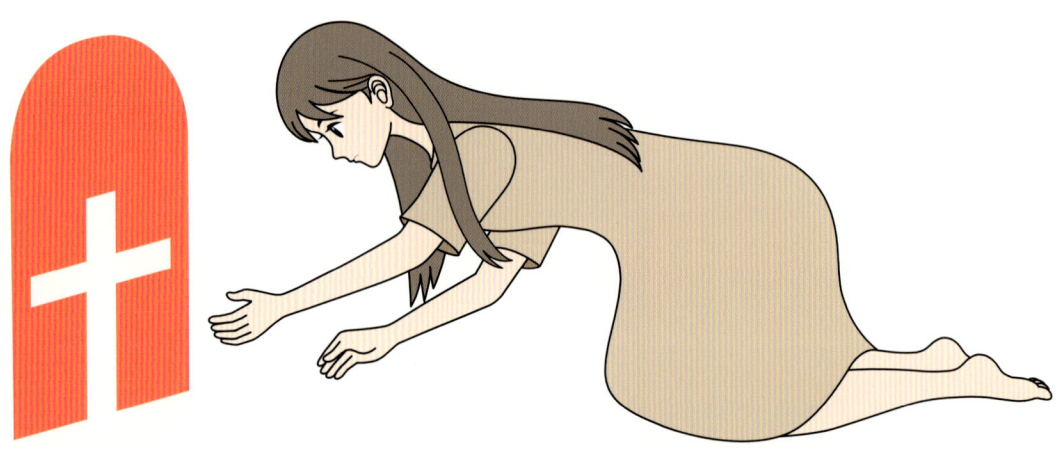

때를 분별하여 좁은 문으로 들어가기를 힘쓰십시오

하나님은 마음을 연단하십니다

하나님은
모든 사람들의 생각과 행동을 아십니다
하나님이 모든 것을 보고 계시고
알고 계시기 때문에
원망과 불평을 잠재울 수 있습니다

모든 것을 아시는 하나님께 나의 억울함을 맡기며
잠잠히 하나님의 다스리심을 기다리는 자가 되길 소망합니다

믿음의 길을 걸어감에도 불구하고
때때로 고난이나 힘든 일이 생길 수 있습니다

하지만 그 고난조차 하나님이 어떤 분이신지
나에게 알려주시기 위한
하나님의 선하신 계획임을 기억하길 소망합니다

때때로 애매한 소리를 듣거나 오해를 받을 때에
속시원히 해명할 기회 한 번 없어
억울하고 답답하지만
내 마음을 전부 아시는 하나님으로 인해
다시 힘을 냅니다

고난은 그저 눈물로 지새워야 하는
숱한 인내의 나날들이라 여겼는데…

고난은 하나님에 대한 사랑을 측정하는
사랑의 테스트, 믿음의 테스트였습니다

고난을 통과한다는 것은
그 고난을 통과한 만큼
하나님을 사랑한다는 나의 고백입니다

감당할 수 없는 고난이 올 때마다
외치는 한마디

" 은총의 표적을 내게 보이소서! "

서운함과 미움, 분노와 적개심
그리고 원망에서 벗어날 수 있는 길은
오직 그 사람을 용서하고
그 사람을 위해 기도하는 것입니다

마음만 먹으면 용서가 될 줄 알았습니다
결심만 하면 사랑이 될 줄 알았습니다
아무리 용서하려고 해도
아무리 사랑하려고 해도
내 뜻대로 내 마음대로 되지 않습니다
나에게는 용서할 힘이 없습니다
나에게는 사랑할 힘이 없습니다
나에게는 선한 일을 행할 능력이 없습니다

내가 아닌 주님이 나를 통해 일하셔야만
용서할 수 있고, 사랑할 수 있습니다

사랑이신 주님이
용서이신 주님이
나를 통해 마음껏 일하시길 기도드립니다

내게 사랑이 없음을 한탄했습니다
내게 따뜻함이 없음을 괴로워했습니다
오랜 시간 그 이유를 알지 못해 마음이 무거웠습니다
어느 날 문득
그 사람을 위해 기도하는 대신
비판하고 정죄하는 나를 발견했습니다

내가 재판관이 되어
쉼 없이 비판하고, 정죄하고
또 다시 비판하고 정죄하는 내 모습을 보았습니다

비판할 시간에
정죄할 시간에
그 사람을 위해 기도했더라면
그 사람에 대한 사랑이
그 사람에 대한 따뜻한 마음이 새록새록 자랐을텐데…
그저 비판만 하고, 정죄만 하고 있었습니다

이제는 기도하길 원합니다
그 사람을 위해 기도하고, 기도하길 원합니다
기도가 쌓이고 쌓여
내 안에 사랑이 샘처럼 솟아나길 원합니다
내 안에 따뜻함이 강물처럼 흐르길 원합니다
그 사랑과 따뜻함으로 먼저 손 내밀고, 다가가는 사람이 되길 소망합니다

하나님이 나에게 바라시는 건
결국엔 사랑입니다

때를 분별하여 행동하는 자
지혜와 용기가 필요합니다

하나님은
신앙의 지조를 지키는 자의 부르짖는 기도를 들으시고
반드시 응답해 주십니다

하나님은
고난을 각오하고
죽음을 각오하며
하나님을 선택한 믿음의 사람들을
끝까지 돌보시고 은혜를 베푸십니다

선하신 하나님을 바라보며
언제나 믿음의 길을 선택하길 소망합니다

당대 예수님을 믿는 사람들뿐만 아니라
모태 신앙인이나
어릴 때 부모님 따라 신앙생활을 했던 사람들도
언젠가는 하나님과 일대일의 만남의 시간을 가져야 합니다
늘 평탄하고 평안하게 살 것 같지만
인생의 어느 시점에서는 철저히 하나님과의 만남의 시간을 가져야 합니다

도대체 하나님은 무엇을 하고 계시는지..
왜 내게 이런 일들이 일어났는지..
하나님은 정말 나를 사랑하시는지...
하나님은 내 기도를 들으시는지...
몸부림치며 통곡하는 시간을 가져야 합니다

하나님은 부모님의 하나님이실 뿐만 아니라
나의 하나님도 되시기 때문입니다

하나님과의 처절한 만남
십자가를 통과하는 시간을 통해
비로소 나의 하나님을 만나게 됩니다

한없는 사랑으로 나를 창조하신 하나님
언제나 나를 지켜보시며 돌보시는 하나님
나의 작은 신음에도 귀를 기울이시고
나의 작은 속삭임에도 응답하시는 하나님을 만나게 됩니다
그 하나님을 꼭 만나시길 기도드립니다

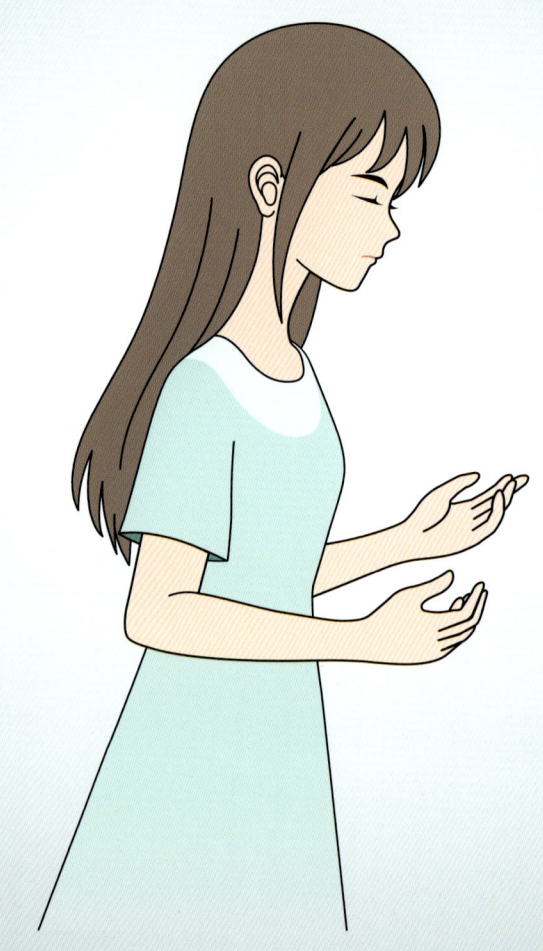

특별한 하나님의 말씀과 비전을 받았을 때에
사람들과 의논하는 것을 주의해야 합니다
사람들은 나의 상황이나
하나님의 뜻을 깊이 생각하지 않고
대부분 일반적인 의견이나
자기의 소견에 좋은 대로 말하기 때문입니다

하나님으로부터 일반적이지 않은 계시나 말씀을 들었을 때
바울처럼 사람이 아닌 하나님과 더 깊은 대화와 만남을 가지며
하나님의 뜻을 분명하고 확실하게 깨달아야 합니다
그리고 누가 뭐하고 해도
하나님의 뜻이면 순종해야 합니다

그렇게 사람들은 잘 이해하지 못하는
특별한 하나님의 계시나 말씀에 순종했을때
하나님의 큰 은혜와 기적을 맛보게 됩니다
하나님은 무엇이든지 하실 수 있는 분이시기 때문입니다

특별한 하나님의 계시나 말씀이 임할 때
기쁨으로 순종하는 자가 되길 기도드립니다

세상의 성공과 즐거움을 쫓아가는 삶은
허탈함과 공허함만을 안겨줍니다

남은 인생

주 안에서 푯대를 향해 달음질하길 소망합니다

육체를 위해 심은 것들은
모두 썩어질 것들입니다

하지만 영혼을 위해 심은 것들은
생명력이 있어 자라고 성장하며
영생에 이르게 합니다

무슨 일에, 어떤 일에
관심을 가지고
집중하며 살아야 할지
잘 분별하며 살아가길 기도드립니다

하나님은 하나님을 사랑하는 자를 위해
천국을 예비해 놓으셨습니다

하나님을 사랑하는 자는
하나님의 말씀을 귀히 여기고
말씀대로 살아가는 자입니다

누구보다도 하나님을 사랑하여
하나님의 말씀을 주야로 묵상하고
말씀대로 살아가는 하나님의 자녀가 되길 원합니다

그리고 결국에는
상상할 수도, 예측할 수도 없는 천국에서
하나님과 영원히 살길 소망합니다

70명이나 되는 대가족과 수많은 가축들을 이끌고
애굽으로 내려간 야곱은
바로에게 자신의 삶이 나그네의 삶이었다고 고백합니다

이 땅에서 많은 것을 이루며 살지라도
결국엔 나그네의 삶입니다

언젠가 하나님이 부르시면
가야 할 나의 본향인 천국을 생각하며
충성되게 사명을 다하며 살아가길 기도드립니다

잠시 잠깐뿐인 이 땅에서의 행복이 아닌
영원한 하늘나라에서의 행복을 소망하며 살아가길 기도드립니다

땅에 섞어질 것들을 구하지 말고
하늘에서 영원할 것들을 구하세요

하나님의 자녀로 우리가 취해야 할 삶의 태도는
거룩과 경건입니다

겉으로 드러난 모습뿐만 아니라
생각도 마음도
거룩과 경건을 따라 살아야 합니다

주님이 다시 이 땅에 오실 때
거룩한 행실로 단장한 아름다운 신부로
주님을 맞이하길 기도드립니다

천국과 지옥은 분명히 있습니다
죽음 이후의 세계를 망각하며 살아서는 안 됩니다
이 땅에서의 삶만 바라보며 살아서는 안 됩니다

우리는 언젠가 죽으면
천국과 지옥, 둘 중 한 곳에 가게 됩니다

천국과 지옥 중 나는 어디에 가게 될까요?

그 심판의 결과는
예수님을 믿느냐 믿지 않느냐에 따라 결정됩니다

우리 모두 예수님 믿고
영원한 하늘나라 천국에 가길 소망합니다

영원한 것에 생명을 거세요

영원한 하나님의 나라에 인생을 거세요

이 세상을 만드신 하나님은
우리가 감히 상상할 수도 없고
예측할 수도 없는 천국을 예비해 놓으셨습니다

이 천국은
하나님을 사랑하는 사람만 갈 수 있는 곳입니다

이 세상에서 크게 이름을 떨치고
막대한 부를 이루며
큰 권세를 가졌더라도
하나님을 사랑하지 않으면
천국에 갈 수 없습니다

날이 갈수록
달이 지날수록
해가 거듭될수록
하나님을 사랑하는 마음이 더 간절해지길 원합니다

나를 창조하신 하나님과
그 하나님을 깊이 사랑한 하나님의 사람들과
아름다운 천국에서 영원히 살길 소망합니다

초판 1쇄 발행일 / 2025년 10월 31일

글 / 조현주
그림. 편집 / 김현욱

펴낸곳 / 조이스프링
등록 / 340-2020-000004
연락처 / superdoll73@naver.com
디자인 / 김현욱
인쇄 / 칼라원
ISBN / 979-11-971675-1-5
값 15,000원

이 책의 저작권은 「김현욱 & 조현주」에게 있습니다
저작권법으로 보호받는 저작물이므로 저작권자의 서명 동의 없이
무단 복제 및 무단 전재를 할 수 없습니다